화엄경 제45권(아승지품 30) 해설

화엄경 제45권 아승지품에는 여래수량품과 보살주처품 등 세품이 들어있다.

아승지품은 심왕보살이 부처님께 인도 전통의 125수(數)를 물어 100약차가 1구지가 되는 것으로부터 아유다, 나유타, 빈바라, 긍갈라, 아가라 ~ 불가설전까지 설하고(pp.1-20p), 다시 세존께서 게송(7구시 120수)으로 말했다.(pp.21~89)

그리고 여래수량품에서는 역시 심왕보살이
"석가모니세계 1겁은 극락세계 1주야이고, 극락세계 1겁은 가사당세계 일주야이며 금강견불세계1겁은 불퇴전음성륜세계 1주야라" 하며, 이렇게 하여 백만아승지 세계 최후세계 1겁은 승연화세계 일주야라 설명하였다.(pp.89~93)

세 번째 보살주처품(pp.94~104)은 동방 선인산(금강승)·남방 승봉산(법혜)·서방 금강염산(정진무외행)·북방 향적산(향상)·동북방 청량산(문수)·중방금강산(법기)·동남방 지제산(천관)·서남방 광명산(현승)·서북방 향풍산(향광) 등에 여러 보살들이 있어 그의 권속들과 함께 설법하고, 베살리성·마도라성·구진나성·피안성·목진린타굴 등 국제적인 처소에서도 성인들이 있어 설법하고 있다(pp.100~104)고 말 하였다.

이것이 기초가 되어 우리나라 5대산 사상이 생긴 것이다.

爾時心王菩薩白佛言世尊諸佛如來演說阿僧祇無量無邊無等不可數不可稱不可思不可量不可說不可說不可說世尊云何阿僧祇乃至不可說不可說耶佛告心王菩薩第三十 阿僧祇品

大方廣佛華嚴經

心所正思薩
王汝等念唯佛
菩今知之然言
薩爲數覺受善
言欲善量當男
善令男善教子
哉諸義子汝一
善世而諦說百
哉間如諦時洛
善入來聽心叉
男佛應善王爲

一	多	他	羅	羅	羅	
일	다	타	라	라	라	
俱 구	阿 아	那 나	頻 빈	矜 긍	阿 아	最 최
胝 지	庾 유	由 유	婆 바	羯 갈	伽 가	勝 승
俱 구	多 다	他 타	羅 라	羅 라	羅 라	最 최
胝 지	阿 아	那 나	頻 빈	矜 긍	阿 아	勝 승
俱 구	庾 유	由 유	婆 바	羯 갈	伽 가	最 최
胝 지	多 다	他 타	羅 라	羅 라	羅 라	勝 승
爲 위	爲 위	爲 위	爲 위	爲 위	爲 위	
一 일	一 일	一 일	一 일	一 일	一 일	
阿 아	那 나	頻 빈	矜 긍	阿 아		摩 마
庾 유	由 유	婆 바	羯 갈	伽 가		婆 바

사경의 공덕은 십만억 부처님께 공양한 것과 같은 공덕이 있습니다.

彌미	阿아	摩마	界계	羅라	羅라	羅라
伽가	婆바	爲위	分분	多다	阿아	摩마
婆바	鈐검	一일	界계	婆바	婆바	婆바
	阿아	禰니	分분	羅라	羅라	羅라
	婆바	摩마	爲위	多다	阿아	摩마
	鈐검	禰니	一일	婆바	婆바	婆바
	阿아	摩마	普보	羅라	羅라	羅라
	婆바	禰니	摩마	爲위	爲위	爲위
	鈐검	摩마	普보	一일	一일	一일
	爲위	爲위	摩마	界계	多다	阿아
			普보	分분	婆바	婆바

사경의 공덕은 십만억 부처님께 공양한 것과 같은 공덕이 있습니다.

伽가	婆바	邏라	一일	一일	一일
彌미	毘비	毘비	摩마	毘비	毘비
伽가	欏라	伽가	僧승	薩살	贍섬
婆바	伽가	婆바	羯갈	羅라	婆바
彌미	毘비	毘비	邏라	毘비	毘비
伽가	欏라	伽가	摩마	薩살	贍섬
婆바	伽가	婆바	僧승	羅라	婆바
爲위	爲위	爲위	羯갈	毘비	毘비
一일	一일	一일	邏라	薩살	贍섬
毘비	毘비	僧승	摩마	羅라	婆바
欏라	伽가	羯갈	爲위	爲위	爲위

사경의 공덕은 십만억 부처님께 공양한 것과 같은 공덕이 있습니다.

大方廣佛華嚴經 5

持 지	稱 칭	擔 담	底 저	訶 하	陀 타	
爲 위	量 량	毘 비	毘 비	毘 비	毘 비	毘 비
一 일	稱 칭	佉 구	薄 박	婆 바	素 소	盛 성
異 이	量 량	擔 담	底 저	訶 하	陀 타	伽 가
路 로	爲 위	毘 비	毘 비	毘 비	毘 비	毘 비
異 이	一 일	佉 구	薄 박	婆 바	素 소	盛 성
路 로	一 일	擔 담	底 저	訶 하	陀 타	伽 가
異 이	持 지	爲 위	爲 위	爲 위	爲 위	爲 위
路 로	一 일	一 일	一 일	一 일	一 일	一 일
爲 위	持 지	稱 칭	毘 비	毘 비	毘 비	毘 비
一 일	一 일	量 량	佉 거	薄 박	婆 바	素 소

一 일	伺 사	婆 바	觀 도	末 말		顚 전
高 고	察 찰	羅 라	羅 라	耶 야	顚 전	倒 도
出 출	爲 위	奚 해	毘 비	三 삼	倒 도	
高 고	一 일	婆 바	觀 도	末 말	顚 전	
出 출	周 주	羅 라	羅 라	耶 야	倒 도	
高 고	廣 광	爲 위	爲 위	爲 위	爲 위	
出 출	周 주	一 일	一 일	一 일	一 일	
爲 위	廣 광	伺 사	奚 해	毘 비	三 삼	
一 일	周 주	察 찰	婆 바	觀 도	末 말	
最 최	廣 광	伺 사	羅 라	羅 라	耶 야	
妙 묘	爲 위	察 찰	奚 해	毘 비	三 삼	

사경의 공덕은 십만억 부처님께 공양한 것과 같은 공덕이 있습니다.

伽	三	蒲	動	婆	婆	最
가	삼	포	동	바	바	최
爲	爲	爲	爲	訶	泥	妙
위	위	위	위	하	니	묘
一	一	一	一	理	羅	最
일	일	일	일	리	라	최
達	奚	訶	訶	婆	婆	妙
달	해	하	하	바	바	묘
欏	魯	理	理	爲	爲	爲
라	로	리	리	위	위	위
步	伽	三	蒲	一	一	一
보	가	삼	포	일	일	일
陀	奚	訶	訶	一	訶	泥
타	해	하	하	일	하	니
達	魯	理	理	動	理	羅
달	로	리	리	동	리	라
欏	伽	三	蒲	一	婆	婆
라	가	삼	포	일	바	바
步	奚	訶	訶	動	訶	泥
보	해	하	하	동	하	니
陀	魯	理	理	一	理	羅
타	로	리	리	일	리	라

사경의 공덕은 십만억 부처님께 공양한 것과 같은 공덕이 있습니다.

調조	摩마	陀타	陀타	陀타		達달
伏복	摩마	堅예	懺참	摩마	訶하	欏라
調조	魯로	欏라	慕모	魯로	魯로	步보
伏복	摩마	陀타	陀타	陀타	那나	陀타
爲위	摩마	堅예	懺참	摩마	訶하	爲위
一일	魯로	欏라	慕모	魯로	魯로	一일
離이	摩마	陀타	陀타	陀타	那나	訶하
憍교	爲위	爲위	爲위	爲위	爲위	魯로
慢만	一일	一일	一일	一일	一일	那나
離이	調조	摩마	堅예	懺참	摩마	
憍교	伏복	魯로	欏라	慕모	魯로	

怛 달	麼 마	勃 발	羅 라	阿 아	動 동	慢 만
羅 라	怛 달	麼 마	爲 위	麼 마	爲 위	離 이
	羅 라	怛 달	一 일	怛 달	一 일	憍 교
	伽 가	羅 라	勃 발	羅 라	極 극	慢 만
	麼 마	爲 위	麼 마	阿 아	量 량	爲 위
	怛 달	一 일	怛 달	麼 마	極 극	一 일
	羅 라	伽 가	羅 라	怛 달	量 량	不 부
	爲 위	麼 마	勃 발	羅 라	極 극	動 동
	一 일	怛 달	麼 마	阿 아	量 량	不 부
	那 나	羅 라	怛 달	麼 마	爲 위	動 동
	麼 마	伽 가	羅 라	怛 달	一 일	不 부

사경의 공덕은 십만억 부처님께 공양한 것과 같은 공덕이 있습니다.

尸 시	一 일	鉢 발	鞞 비	羅 라	奚 해
婆 바	尸 시	羅 라	麼 마	爲 위	麼 마	那 나
麼 마	婆 바	麼 마	怛 달	一 일	怛 달	麼 마
怛 달	麼 마	怛 달	羅 라	鞞 비	羅 라	怛 달
羅 라	怛 달	羅 라	爲 위	麼 마	奚 해	羅 라
爲 위	羅 라	鉢 발	一 일	怛 달	麼 마	那 나
一 일	尸 시	羅 라	鉢 발	羅 라	怛 달	麼 마
翳 예	婆 바	麼 마	羅 라	鞞 비	羅 라	怛 달
羅 라	麼 마	怛 달	麼 마	麼 마	奚 해	羅 라
翳 예	怛 달	羅 라	怛 달	怛 달	麼 마	爲 위
羅 라	羅 라	爲 위	羅 라	羅 라	怛 달	一 일

사경의 공덕은 십만억 부처님께 공양한 것과 같은 공덕이 있습니다.

睥(비)	羅(라)	爲(위)	窣(솔)	羅(라)	諦(제)	翳(예)
羅(라)	細(세)	一(일)	步(보)	偈(게)	羅(라)	羅(라)
爲(위)	羅(라)	計(계)	羅(라)	羅(라)	諦(제)	爲(위)
一(일)	細(세)	羅(라)	爲(위)	爲(위)	羅(라)	一(일)
謎(미)	羅(라)	計(계)	一(일)	一(일)	諦(제)	薛(폐)
羅(라)	爲(위)	羅(라)	泥(니)	窣(솔)	羅(라)	羅(라)
謎(미)	一(일)	計(계)	羅(라)	步(보)	爲(위)	薛(폐)
羅(라)	睥(비)	羅(라)	泥(니)	羅(라)	一(일)	羅(라)
謎(미)	羅(라)	爲(위)	羅(라)	窣(솔)	偈(게)	薛(폐)
羅(라)	睥(비)	一(일)	泥(니)	步(보)	羅(라)	羅(라)
爲(위)	羅(라)	細(세)	羅(라)	羅(라)	偈(게)	一(일)

사경의 공덕은 십만억 부처님께 공양한 것과 같은 공덕이 있습니다.

一 일	一 일	一 일	一 일	一 일	一 일	一 일
迦 가	阿 아	娑 사	摩 마	契 계	謎 미	娑 사
麽 마	野 야	母 모	覩 도	魯 로	魯 로	欏 라
羅 라	娑 사	羅 라	羅 라	陀 타	陀 타	茶 다
迦 가	阿 아	娑 사	摩 마	契 계	謎 미	娑 사
麽 마	野 야	母 모	覩 도	魯 로	魯 로	欏 라
羅 라	娑 사	羅 라	羅 라	陀 타	陀 타	茶 도
迦 가	阿 아	娑 사	摩 마	契 계	謎 미	娑 사
麽 마	野 야	母 모	覩 도	魯 로	魯 로	欏 라
羅 라	娑 사	羅 라	羅 라	陀 타	陀 타	茶 다
	爲 위	爲 위	爲 위	爲 위	爲 위	爲 위

사경의 공덕은 십만억 부처님께 공양한 것과 같은 공덕이 있습니다.

一 일	一 일	一 일	一 일	一 일	一 일	一 일
毘 비	訶 하	羯 갈	薛 폐	醯 혜	阿 아	摩 마
婆 바	婆 바	羅 라	魯 로	魯 로	怛 달	伽 가
羅 라	婆 바	波 파	婆 바	耶 야	羅 라	婆 바
	訶 하	羯 갈	薛 폐	醯 혜	阿 아	摩 마
	婆 바	羅 라	魯 로	魯 로	怛 달	伽 가
	婆 바	波 파	婆 바	耶 야	羅 라	婆 바
	訶 하	羯 갈	薛 폐	醯 혜	阿 아	摩 마
	婆 바	羅 라	魯 로	魯 로	怛 달	伽 가
	婆 바	波 파	婆 바	耶 야	羅 라	婆 바
	爲 위	爲 위	爲 위	爲 위	爲 위	爲 위

사경의 공덕은 십만억 부처님께 공양한 것과 같은 공덕이 있습니다.

羅 라	羅 라	普 보	羅 라	羅 라	羅 라	
馱 타	者 자	迷 미	娑 사	摩 마	那 나	毘 비
馬 마	麼 마	欀 라	婆 바	欀 라	婆 바	婆 바
羅 라	羅 라	普 보	羅 라	羅 라	羅 라	羅 라
馱 타	者 자	迷 미	娑 사	摩 마	那 나	毘 비
馬 마	麼 마	欀 라	婆 바	欀 라	婆 바	婆 바
羅 라	羅 라	普 보	羅 라	羅 라	羅 라	羅 라
爲 위	爲 위	爲 위	爲 위	爲 위	爲 위	爲 위
一 일	一 일	一 일	一 일	一 일	一 일	一 일
鉢 발	馱 타	者 자	迷 미	娑 사	摩 마	那 나
欀 라	麼 마	麼 마	欀 라	婆 바	欀 라	婆 바

사경의 공덕은 십만억 부처님께 공양한 것과 같은 공덕이 있습니다.

麼陀鉢欏麼鉢欏麼陀爲毘伽摩毘伽摩毘伽摩爲烏波跋多烏波跋多烏波跋多盡一演說演說演出說爲出無出無一無盡無爲一生無我無我爲一阿畔多阿

사경의 공덕은 십만억 부처님께 공양한 것과 같은 공덕이 있습니다.

僧	爲	爲	僧	頭	蓮	畔
승	위	위	승	두	련	반
祇	一	一	祇	摩	華	多
기	일	일	기	마	화	다
轉	阿	阿	一	鉢	青	阿
전	아	아	일	발	청	아
爲	僧	僧	趣	頭	蓮	畔
위	승	승	취	두	련	반
一	祇	祇	趣	摩	華	多
일	기	기	취	마	화	다
無	轉	阿	趣	爲	爲	爲
무	전	아	취	위	위	위
量	阿	僧	爲	一	一	一
량	아	승	위	일	일	일
無	僧	祇	一	僧	鉢	青
무	승	기	일	승	발	청
量	祇	阿	至	祇	頭	蓮
량	기	아	지	기	두	련
無	轉	僧	至	僧	摩	華
무	전	승	지	승	마	화
量	阿	祇	至	祇	鉢	青
량	아	기	지	기	발	청

사경의 공덕은 십만억 부처님께 공양한 것과 같은 공덕이 있습니다.

大方廣佛華嚴經

數수		等등	等등	邊변	爲위	爲위
轉전	不불	轉전	無무	轉전	一일	一일
不불	可가	無무	等등	無무	無무	無무
可가	數수	等등	無무	邊변	邊변	量량
數수	不불	轉전	等등	轉전	無무	轉전
轉전	可가	爲위	爲위	無무	邊변	無무
不불	數수	一일	一일	邊변	無무	量량
可가	爲위	不불	無무	轉전	邊변	轉전
數수	一일	可가	等등	爲위	爲위	無무
轉전	不불	數수	轉전	一일	一일	量량
爲위	可가		無무	無무	無무	轉전

사경의 공덕은 십만억 부처님께 공양한 것과 같은 공덕이 있습니다.

大方廣佛華嚴經 18

不可轉可稱一一
불가전가칭일일
可量不思轉不不
가량불사전불불
量不可爲爲可可
량불가위위가가
轉可思一一稱稱
전가사일일칭칭
不量轉不不轉不
불량전불불전불
可爲爲可不可
가위위가가불가
量一一思思可稱
량일일사사가칭
轉不不轉不稱不
전불불전불칭불
爲可可不可轉可
위가가불가전가
一量量可思不稱
일량량가사불칭
不轉不思不可爲
불전불사불가위

사경의 공덕은 십만억 부처님께 공양한 것과 같은 공덕이 있습니다.

說설		可가	可가	爲위	可가	可가
頌송	爾이	說설	說설	一일	說설	說설
言언	時시	轉전	不불	不불	轉전	不불
	世세		可가	可가	不불	可가
	尊존	說설	說설	可가	可가	說설
	爲위	爲위	不불	說설	說설	不불
	心심	一일	可가	轉전	可가	可가
	王왕	不불	說설	不불	不불	說설
	菩보	可가	此차	可가	爲위
	薩살	說설	又우	說설	一일
	而이	不불	不불	轉전	不불

不充不說不一
可滿可不可皆一
言一言可言悉塵
說切說言說碎中
不諸不諸不不末剎
可劫可不可為不
說中說盡剎微可
塵說

如여 此차 一일 念념 盡진 此차 此차
一일 不불 念념 不불 塵진 刹찰
一일 可가 所소 可가 有유 爲위
切체 說설 碎쇄 說설 刹찰 塵진
皆개 諸제 不불 悉실 劫겁 不불 說설
如여 佛불 可가 亦역 恒항 可가 更갱
是시 刹찰 說설 爾이 然연 說설 難난

於 어	無 무	爾 이	一 일	以 이	不 불	以 이
一 일	能 능	劫 겁	塵 진	此 차	可 가	不 불
微 미	盡 진	稱 칭	十 십	諸 제	說 설	可 가
細 세	其 기	讚 찬	萬 만	塵 진	劫 겁	說 설
毛 모	功 공	一 일	不 불	數 수	如 여	算 산
端 단	德 덕	普 보	可 가	諸 제	是 시	數 수
處 처	量 량	賢 현	說 설	劫 겁	數 수	法 법

사경의 공덕은 십만억 부처님께 공양한 것과 같은 공덕이 있습니다.

有不可說諸普賢爾
一切毛端悉亦
如是毛端處編法界
其數無量量不可說
盡虛空量諸毛端
一一處剎悉如是

彼毛端處 無量種類 有不可說 有不可說 不可言說 皆有淨剎 種種莊嚴

差別剎 異類剎 同類剎 毛端處 不可說 不可說

諸國土 住刹 刹 處 說 說

| 種種奇妙不可說 | 於彼一一毛端處 | 演一不可說 | 一一名有諸如來 | 皆不可說諸佛說 | 一一不一諸佛身上 | 現不可說諸毛孔 |

사경의 공덕은 십만억 부처님께 공양한 것과 같은 공덕이 있습니다.

| 於彼一一蓮華內 | 悉現蓮華不可說 | 於彼一一蓮華中 | 咸放光明不可說 | 不可放言說諸毛孔 | 現眾色相不可毛孔 | 於彼一一毛孔中 |

사경의 공덕은 십만억 부처님께 공양한 것과 같은 공덕이 있습니다.

光光	葉엽	復부	彼피	各각	不불	悉실
中중	中중	現현	不불	現현	可가	有유
色색	光광	衆중	可가	色색	說설	衆중
相상	明명	葉엽	說설	相상	華화	葉엽
不불	不불	不불	諸제	不불	衆중	不불
可가	可가	可가	色색	可가	葉엽	可가
說설	說설	說설	內내	說설	中중	說설

사경의 공덕은 십만억 부처님께 공양한 것과 같은 공덕이 있습니다.

此 차	一 일	光 광	月 월	於 어	一 일	於 어
不 불	一 일	中 중	復 부	不 불	一 일	彼 피
可 가	現 현	現 현	現 현	可 가	現 현	一 일
說 설	光 광	月 월	月 월	說 설	光 광	一 일
色 색	不 불	不 불	不 불	諸 제	不 불	光 광
相 상	可 가	可 가	可 가	月 월	可 가	明 명
中 중	說 설	說 설	說 설	中 중	說 설	內 내

사경의 공덕은 십만억 부처님께 공양한 것과 같은 공덕이 있습니다.

復於一一毛孔中 現不可說不可說諸佛色身 於一一色身 現不可說不可說光明 於一一光明 現不可說不可說色 又於彼一一現光明 現於彼一一現不可說不可說師子座

사경의 공덕은 십만억 부처님께 공양한 것과 같은 공덕이 있습니다.

一一光明不可說
一一光色不可說
妙光明色不可說
淨光色不可說
於彼中現種種光
復於一一光中復現種種妙光
此復現種種光明

嚴具

現현	彼피	不불	一일	各각	如여	不불
衆중	如여	可가	一일	現현	是시	可가
刹찰	須수	言언	光광	妙묘	種종	言언
土토	彌미	說설	中중	寶보	種종	說설
不불	一일	不불	所소	如여	光광	不불
可가	妙묘	可가	現현	須수	明명	可가
說설	寶보	說설	寶보	彌미	內내	說설

如 여	不 불	衆 중	一 일	以 이	示 시	盡 진
是 시	可 가	刹 찰	塵 진	一 일	現 현	須 수
種 종	言 언	爲 위	色 색	刹 찰	刹 찰	彌 미
種 종	說 설	塵 진	相 상	土 토	土 토	寶 보
諸 제	不 불	塵 진	不 불	末 말	皆 개	無 무
塵 진	可 가	有 유	可 가	爲 위	如 여	有 유
相 상	說 설	相 상	說 설	塵 진	是 시	餘 여

사경의 공덕은 십만억 부처님께 공양한 것과 같은 공덕이 있습니다.

顯현	不불	聞문	法법	佛불	光광	皆개
了료	可가	偈게	中중	所소	中중	出출
眞진	說설	得득	妙묘	說설	現현	光광
諦체	解해	解해	偈게	法법	佛불	明명
不불	念념	不불	不불	不불	不불	不불
可가	念념	可가	可가	可가	可가	可가
說설	中중	說설	說설	說설	說설	說설

사경의 공덕은 십만억 부처님께 공양한 것과 같은 공덕이 있습니다.

示現未來一切佛
常演說法無窮盡
一種一一佛法不可說
種種妙法清淨
出妙音聲不可說
轉正法輪不可說
於彼一一法輪中

사경의 공덕은 십만억 부처님께 공양한 것과 같은 공덕이 있습니다.

演修多羅不可說
於彼一法門中
分別法門不可說
於彼一法中說
又說諸法不可說
於彼一法中說
調伏眾生不可說

或復於一毛端安住處
不可說劫常安住
如一毛端數餘悉然
所住無礙不可說
其心住諸無礙佛不可說
變化諸佛不可說
一變化諸如來

觀 관	周 주	往 왕	莊 장	彼 피	彼 피	復 부
察 찰	行 행	詣 예	嚴 엄	佛 불	佛 불	現 현
衆 중	國 국	十 시	無 무	分 분	法 법	於 어
生 생	土 토	方 방	量 량	身 신	身 신	化 화
不 불	不 불	不 불	不 불	不 불	不 불	不 불
可 가	可 가	可 가	可 가	可 가	可 가	可 가
說 설	說 설	說 설	說 설	說 설	說 설	說 설

사경의 공덕은 십만억 부처님께 공양한 것과 같은 공덕이 있습니다.

清청	調조	彼피	彼피	彼피	彼피	所소
淨정	伏복	諸제	諸제	諸제	諸제	有유
衆중	衆중	莊장	神신	自자	神신	神신
生생	生생	嚴엄	力력	在재	變변	通통
不불	不불	不불	不불	不불	不불	不불
可가	可가	可가	可가	可가	可가	可가
說설	說설	說설	說설	說설	說설	說설

사경의 공덕은 십만억 부처님께 공양한 것과 같은 공덕이 있습니다.

大方廣佛華嚴經 39

所 소	所 소	所 소	淸 청	說 설	於 어	演 연
有 유	有 유	住 주	淨 정	修 수	彼 피	說 설
境 경	加 가	世 세	實 실	多 다	一 일	法 법
界 계	持 지	間 간	相 상	羅 라	一 일	門 문
不 불	不 불	不 불	不 불	不 불	修 수	不 불
可 가	可 가	可 가	可 가	可 가	多 다	可 가
說 설	說 설	說 설	說 설	說 설	羅 라	說 설

사경의 공덕은 십만억 부처님께 공양한 것과 같은 공덕이 있습니다.

不 불	調 조	於 어	所 소	於 어	又 우	於 어
可 가	伏 복	彼 피	有 유	彼 피	說 설	彼 피
言 언	衆 중	一 일	決 결	一 일	諸 제	一 일
說 설	生 생	一 일	定 정	一 일	法 법	一 일
同 동	不 불	決 결	不 불	諸 제	不 불	法 법
類 류	可 가	定 정	可 가	法 법	可 가	門 문
法 법	說 설	中 중	說 설	中 중	說 설	中 중

調조	念염	不불	不불	不불	不불	不불
伏복	念념	可가	可가	可가	可가	可가
衆중	於어	言언	言언	言언	言언	言언
生생	諸제	說설	說설	說설	說설	說설
不불	所소	異이	異이	異이	異이	同동
可가	行행	類류	類류	類류	類류	類류
說설	處처	語어	根근	心심	法법	心심

所 소	所 소	於 어	於 어	菩 보	諸 제	一 일
有 유	有 유	中 중	中 중	明 명	毛 모
神 신	示 시	時 시	差 차	薩 살	算 산	端 단
變 변	現 현	劫 겁	別 별	悉 실	者 자	處 처
不 불	不 불	不 불	不 불	能 능	莫 막	大 대
可 가	可 가	可 가	可 가	分 분	能 능	小 소
說 설	說 설	說 설	說 설	別 별	辨 변	刹 찰

사경의 공덕은 십만억 부처님께 공양한 것과 같은 공덕이 있습니다.

雜染清淨麤細刹

如是一切不可分別說

以一一國土碎為塵

其塵無量不可邊說

如是一切不可分別刹

俱來共集一毛端

此諸國土不可說

共集毛端有無迫隘大

不使毛端有無增來

而彼國土俱有來集

於中所有諸國土

形相如本無雜亂

如一國土不亂餘

一切國土皆如是
虛空境界無邊際
悉布毛端使充滿
如是毛端諸國土
菩薩一一微細毛孔中能說
於一一微細毛孔中
不可說刹次第入

毛孔 諸刹 入時 受時 於此 一切 如是
能受 不能 不可 劫數 行列 諸劫 攝
彼諸 徧毛 不可 不可 安住 無能 受安
諸刹 孔說 可說 可說 時說 說時 住已

所有境界不可說
入時方便不可說
入已所作不可說
意根明了不可說
遊歷諸方不可說
勇猛精進不可說
自在神變不可說

사경의 공덕은 십만억 부처님께 공양한 것과 같은 공덕이 있습니다.

意 의	語 어	身 신	一 일	所 소	所 소	所 소
業 업	業 업	業 업	切 체	有 유	有 유	有 유
淸 청	淸 청	淸 청	通 통	境 경	大 대	思 사
淨 정	淨 정	淨 정	達 달	界 계	願 원	惟 유
不 불	不 불	不 불	不 불	不 불	不 불	不 불
可 가	可 가	可 가	可 가	可 가	可 가	可 가
說 설	說 설	說 설	說 설	說 설	說 설	說 설

사경의 공덕은 십만억 부처님께 공양한 것과 같은 공덕이 있습니다.

超 초	出 출	斷 단	了 요	妙 묘	妙 묘	信 신
昇 승	離 리	諸 제	諸 제	慧 혜	智 지	解 해
正 정	生 생	疑 의	實 실	清 청	清 청	清 청
位 위	死 사	惑 혹	相 상	淨 정	淨 정	淨 정
不 불	不 불	不 불	不 불	不 불	不 불	不 불
可 가	可 가	可 가	可 가	可 가	可 가	可 가
說 설	說 설	說 설	說 설	說 설	說 설	說 설

사경의 공덕은 십만억 부처님께 공양한 것과 같은 공덕이 있습니다.

知지	知지	知지	一일	一일	了요	甚심
其기	其기	衆중	切체	切체	達달	深심
業업	心심	生생	佛불	衆중	一일	三삼
果과	樂락	身신	刹찰	生생	切체	昧매
不불	不불	不불	不불	不불	不불	不불
可가	可가	可가	可가	可가	可가	可가
說설	說설	說설	說설	說설	說설	說설

사경의 공덕은 십만억 부처님께 공양한 것과 같은 공덕이 있습니다.

知其生已不可說
知其正生不可說
知其受處不可說
知其種身不可說
知其品性不可說
知其意類解不可說說

사경의 공덕은 십만억 부처님께 공양한 것과 같은 공덕이 있습니다.

知 其 言 語 不 可 說
知 其 趣 向 不 可 說
知 其 作 業 不 可 說
菩薩 如是 大慈悲 不 可 說
利益 一切 諸 世間
普現 其 身 不 可 說

사경의 공덕은 십만억 부처님께 공양한 것과 같은 공덕이 있습니다.

詣 예	現 현	敷 부	請 청	發 발	見 견	入 입
諸 제	種 종	揚 양	問 문	生 생	諸 제	諸 제
國 국	種 종	佛 불	正 정	智 지	菩 보	佛 불
土 토	身 신	敎 교	法 법	慧 혜	薩 살	刹 찰
不 불	不 불	不 불	不 불	不 불	不 불	不 불
可 가	可 가	可 가	可 가	可 가	可 가	可 가
說 설	說 설	說 설	說 설	說 설	說 설	說 설

사경의 공덕은 십만억 부처님께 공양한 것과 같은 공덕이 있습니다.

清 청	種 종	作 작	親 친	處 처	普 보	示 시
淨 정	種 종	諸 제	近 근	處 처	徧 변	現 현
衆 중	無 무	供 공	諸 제	分 분	十 시	神 신
寶 보	量 량	具 구	佛 불	身 신	方 방	通 통
不 불	不 불	不 불	不 불	不 불	不 불	不 불
可 가	可 가	可 가	可 가	可 가	可 가	可 가
說 설	說 설	說 설	說 설	說 설	說 설	說 설

사경의 공덕은 십만억 부처님께 공양한 것과 같은 공덕이 있습니다.

恭敬	增上	最勝	淸淨	供養	最勝	上妙
諸佛	志樂	悟解	信心	如來	香鬘	蓮華
不可說	不可說	不可說	不可說	不可說	不可說	不可說

사경의 공덕은 십만억 부처님께 공양한 것과 같은 공덕이 있습니다.

修수	其기	有유	一일	持지	心심	讚찬
行행	心심	求구	切체	戒계	意의	歎탄
於어	過과	皆개	悉실	清청	清청	諸제
施시	去거	施시	施시	淨정	淨정	佛불
不불	不불	不불	不불	不불	不불	不불
可가	可가	可가	可가	可가	可가	可가
說설	說설	說설	說설	說설	說설	說설

사경의 공덕은 십만억 부처님께 공양한 것과 같은 공덕이 있습니다.

愛애	成성	無무	具구	住주	起기	其기
樂락	就취	生생	足족	寂적	大대	心심
正정	諸제	法법	寂적	靜정	精정	過과
法법	忍인	忍인	靜정	地지	進진	去거
不불	不불	不불	不불	不불	不불	不불
可가	可가	可가	可가	可가	可가	可가
說설	說설	說설	說설	說설	說설	說설

사경의 공덕은 십만억 부처님께 공양한 것과 같은 공덕이 있습니다.

智 지	了 요	寂 적	觀 관	一 일	不 불	不 불
慧 혜	達 달	然 연	察 찰	切 체	傾 경	退 퇴
通 통	諸 제	在 재	諸 제	定 정	動 동	轉 전
達 달	禪 선	定 정	法 법	藏 장	心 심	心 심
不 불	不 불	不 불	不 불	不 불	不 불	不 불
可 가	可 가	可 가	可 가	可 가	可 가	可 가
說 설	說 설	說 설	說 설	說 설	說 설	說 설

사경의 공덕은 십만억 부처님께 공양한 것과 같은 공덕이 있습니다.

三	了	明	修	發	甚	淸
昧 삼	요	명	수	발	심	청
自 매	達 달	見 견	無 무	廣 광	深 심	淨 정
在 자	諸 제	諸 제	量 량	大 대	境 경	法 법
재	佛 불	法 법	行 행	願 원	界 계	門 문
不 불	不 불	不 불	不 불	不 불	不 불	不 불
可 가	可 가	可 가	可 가	可 가	可 가	可 가
說 설	說 설	說 설	說 설	說 설	說 설	說 설

사경의 공덕은 십만억 부처님께 공양한 것과 같은 공덕이 있습니다.

菩보	菩보	彼피	彼피	修수	學학	無무
薩살	薩살	諸제	諸제	方방	甚심	量량
法법	法법	正정	法법	便편	深심	智지
力력	住주	念념	界계	智지	智지	慧혜
不불	不불	不불	不불	不불	不불	不불
可가	可가	可가	可가	可가	可가	可가
說설	說설	說설	說설	說설	說설	說설

사경의 공덕은 십만억 부처님께 공양한 것과 같은 공덕이 있습니다.

彼 피	彼 피	彼 피	彼 피	彼 피	彼 피	究 구
諸 제	諸 제	大 대	大 대	淨 정	諸 제	竟 경
方 방	神 신	法 법	法 법	法 법	法 법	智 지
便 편	力 력	雨 우	雲 운	輪 륜	智 지	慧 혜
不 불	不 불	不 불	不 불	不 불	不 불	不 불
可 가	可 가	可 가	可 가	可 가	可 가	可 가
說 설	說 설	說 설	說 설	說 설	說 설	說 설

사경의 공덕은 십만억 부처님께 공양한 것과 같은 공덕이 있습니다.

入 입	念 염	無 무	念 염	諸 제	悉 실	諸 제
空 공	念 념	量 량	念 념	佛 불	能 능	刹 찰
寂 적	相 상	行 행	恒 항	刹 찰	往 왕	差 차
智 지	續 속	門 문	住 주	海 해	詣 예	別 별
不 불	不 불	不 불	不 불	不 불	不 불	不 불
可 가	可 가	可 가	可 가	可 가	可 가	可 가
說 설	說 설	說 설	說 설	說 설	說 설	說 설

사경의 공덕은 십만억 부처님께 공양한 것과 같은 공덕이 있습니다.

種(종)	差(차)	無(무)	種(종)	種(종)	清(청)	雜(잡)
種(종)	別(별)	邊(변)	種(종)	種(종)	淨(정)	染(염)
清(청)	莊(장)	色(색)	間(간)	妙(묘)	佛(불)	世(세)
淨(정)	嚴(엄)	相(상)	錯(착)	好(호)	土(토)	界(계)
不(불)	不(불)	不(불)	不(불)	不(불)	不(불)	不(불)
可(가)	可(가)	可(가)	可(가)	可(가)	可(가)	可(가)
說(설)	說(설)	說(설)	說(설)	說(설)	說(설)	說(설)

사경의 공덕은 십만억 부처님께 공양한 것과 같은 공덕이 있습니다.

了 료	知 지	知 지	知 지	知 지	雜 잡
知 지	其 기	其 기	其 기	其 기	染 염
衆 중	種 종	業 업	心 심	根 근	解 해	淸 청

사경의 공덕은 십만억 부처님께 공양한 것과 같은 공덕이 있습니다.

放放光明	示現神變	度脫衆生	修行精進	現種種自身	變化自在	觀察調伏
方대광명	시현신변	도탈중생	수행정진	현종종자신	변화자재	관찰조복

放大光明 不可說
示現神變 不可說
度脫衆生 不可說
修行精進 不可說
現種種身 不可說
變化自在 不可說
觀察調伏 不可說

사경의 공덕은 십만억 부처님께 공양한 것과 같은 공덕이 있습니다.

勇 용	普 보	光 광	放 방	一 일	令 영	種 종
猛 맹	照 조	網 망	光 광	一 일	衆 중	種 종
無 무	佛 불	現 현	明 명	毛 모	生 생	色 색
畏 외	刹 찰	色 색	網 망	孔 공	淨 정	相 상
不 불	不 불	不 불	不 불	不 불	不 불	不 불
可 가	可 가	可 가	可 가	可 가	可 가	可 가
說 설	說 설	說 설	說 설	說 설	說 설	說 설

사경의 공덕은 십만억 부처님께 공양한 것과 같은 공덕이 있습니다.

方便 방편	調伏 조복	令出 영출	清淨 청정	清淨 청정	無邊 무변	殊勝 수승
善巧 선교	衆生 중생	生死 생사	身業 신업	語業 어업	意業 의업	妙行 묘행
不可說 불가설	不可說 불가설	不可說 불가설	不可說 불가설	不可說 불가설	不可說 불가설	不可說 불가설

正 정	音 음	智 지	善 선	菩 보	深 심	成 성
念 념	聲 성	者 자	能 능	薩 살	入 입	就 취
眞 진	淸 청	音 음	修 수	總 총	法 법	智 지
實 실	淨 정	聲 성	學 학	持 지	界 계	寶 보
不 불	不 불	不 불	不 불	不 불	不 불	不 불
可 가	可 가	可 가	可 가	可 가	可 가	可 가
說 설	說 설	說 설	說 설	說 설	說 설	說 설

사경의 공덕은 십만억 부처님께 공양한 것과 같은 공덕이 있습니다.

清淨勝行不可說	諸佛子衆不可說	調伏世間不可說	成就無畏不可說	清淨修行不可說	具足威儀不可說	開悟衆生不可說
청정승행불가설	제불자중불가설	조복세간불가설	성취무외불가설	청정수행불가설	구족위의불가설	개오중생불가설

사경의 공덕은 십만억 부처님께 공양한 것과 같은 공덕이 있습니다.

稱讚 世 彼 清 彼
讚 揚 演 諸 淨 諸
歎 無 說 菩 功 邊
諸 盡 讚 薩 德 際
佛 師 歎
不 不 不 不 不 不 不
可 可 可 可 可 可 可
說 說 說 說 說 說 說

사경의 공덕은 십만억 부처님께 공양한 것과 같은 공덕이 있습니다.

能	住	盡	欣	智	善	於
住	中	諸	樂	慧	入	法
其	智	劫	諸	平	諸	無
中	慧	住	佛	等	法	礙
不	不	無	不	不	不	不
可	可	能	可	可	可	可
說	說	說	說	說	說	說

사경의 공덕은 십만억 부처님께 공양한 것과 같은 공덕이 있습니다.

淸청	無무	殊수	住주	了요	三삼	三삼
淨정	量량	勝승	於어	達달	世세	世세
大대	大대	妙묘	智지	三삼	智지	如여
願원	願원	行행	慧혜	世세	慧혜	空공
不불	不불	不불	不불	不불	不불	不불
可가	可가	可가	可가	可가	可가	可가
說설	說설	說설	說설	說설	說설	說설

사경의 공덕은 십만억 부처님께 공양한 것과 같은 공덕이 있습니다.

| 修行諸佛力不可說 | 嚴淨佛刹不可說 | 知一切法不可說 | 分別義理不可說 | 發生智慧不可說 | 諸佛菩提不可說 | 成就菩提不可說 |

수행제불력불가설 엄정불찰불가설 지일체법불가설 분별의리불가설 발생지혜불가설 제불보리불가설 성취보리불가설

長 장	一 일	諸 제	廣 광	種 종	示 시	清 청
時 시	念 념	佛 불	演 연	種 종	現 현	淨 정
修 수	悟 오	自 자	正 정	神 신	世 세	法 법
習 습	解 해	在 재	法 법	力 력	間 간	輪 륜
不 불	不 불	不 불	不 불	不 불	不 불	不 불
可 가	可 가	可 가	可 가	可 가	可 가	可 가
說 설	說 설	說 설	說 설	說 설	說 설	說 설

사경의 공덕은 십만억 부처님께 공양한 것과 같은 공덕이 있습니다.

不불	不불	讚찬	不불	哀애	種종	勇용
可가	可가	不불	可가	愍민	種종	猛맹
說설	說설	可가	言언	世세	開개	能능
德덕	劫겁	說설	說설	間간	演연	轉전
不불	猶유	諸제	一일	不불	不불	不불
可가	可가	功공	切체	可가	可가	可가
盡진	盡진	德덕	劫겁	說설	說설	說설

사경의 공덕은 십만억 부처님께 공양한 것과 같은 공덕이 있습니다.

於어	一일	十시	不불	歎탄	不불	不불
中중	切체	方방	可가	佛불	可가	可가
一일	同동	所소	說설	不불	言언	言언
佛불	時시	有유	劫겁	可가	說설	說설
普보	成성	諸제	無무	言언	諸제	諸제
能능	正정	衆중	能능	說설	舌설	如여
現현	覺각	生생	盡진	德덕	根근	來래

사경의 공덕은 십만억 부처님께 공양한 것과 같은 공덕이 있습니다.

示시	此차	示시	此차	示시	此차	不불
現현	不불	現현	不불	現현	不불	可가
於어	可가	於어	可가	於어	可가	言언
聲성	說설	舌설	說설	頭두	說설	說설
不불	中중	不불	中중	不불	中중	一일
可가	一일	可가	一일	可가	一일	切체
說설	舌설	說설	頭두	說설	身신	身신

사경의 공덕은 십만억 부처님께 공양한 것과 같은 공덕이 있습니다.

如 여	如 여	如 여	如 여	如 여	經 경	此 차
一 일	一 일	一 일	一 일	一 일	於 어	不 불
如 여	如 여	如 여	如 여	如 여	劫 겁	可 가
是 시	是 시	是 시	是 시	是 시	住 주	說 설
一 일	一 일	一 일	一 일	一 일	不 불	中 중
切 체	切 체	切 체	切 체	切 체	可 가	一 일
聲 성	舌 설	頭 두	身 신	佛 불	說 설	聲 성

사경의 공덕은 십만억 부처님께 공양한 것과 같은 공덕이 있습니다.

大方廣佛華嚴經

賢현	一일	不불	一일	歎탄	不불	不불
首수	一일	可가	微미	佛불	可가	可가
如여	蓮련	言언	塵진	功공	說설	說설
來래	華화	說설	中중	德덕	劫겁	劫겁
不불	世세	蓮련	能능	無무	猶유	恒항
可가	界계	華화	悉실	能능	可가	讚찬
說설	中중	界계	有유	盡진	盡진	佛불

사경의 공덕은 십만억 부처님께 공양한 것과 같은 공덕이 있습니다.

乃至法界悉周徧
其中所有諸微塵
世界若成若住若壞
其數無量不可說
一微塵處無量邊際
無量諸刹普來入
十方差別不可說

사경의 공덕은 십만억 부처님께 공양한 것과 같은 공덕이 있습니다.

刹찰	一일	壽수	諸제	甚심	神신	無무
海해	一일	命명	佛불	深심	通통	障장
分분	刹찰	劫겁	所소	妙묘	大대	礙애
布포	中중	數수	行행	法법	力력	智지
不불	有유	不불	不불	不불	不불	不불
可가	如여	可가	可가	可가	可가	可가
說설	來래	說설	說설	說설	說설	說설

사경의 공덕은 십만억 부처님께 공양한 것과 같은 공덕이 있습니다.

種종	獲획	入입	覺각	成성	毛모	入입
種종	深심	淨정	悟오	就취	孔공	於어
數수	智지	法법	菩보	十십	因인	毛모
量량	藏장	界계	提리	力력	緣연	孔공
不불	不불	不불	不불	不불	不불	不불
可가	可가	可가	可가	可가	可가	可가
說설	說설	說설	說설	說설	說설	說설

사경의 공덕은 십만억 부처님께 공양한 것과 같은 공덕이 있습니다.

如(여) 其(기) 一(일) 切(체) 悉(실) 了(료) 知(지)
種(종) 種(종) 形(형) 量(량) 不(불) 可(가) 說(설)
於(어) 此(차) 靡(미) 不(불) 皆(개) 通(통) 達(달)
種(종) 種(종) 三(삼) 昧(매) 不(불) 可(가) 說(설)
悉(실) 能(능) 經(경) 劫(겁) 於(어) 中(중) 住(주)
於(어) 不(불) 可(가) 說(설) 諸(제) 佛(불) 所(소)
所(소) 行(행) 清(청) 淨(정) 不(불) 可(가) 說(설)

사경의 공덕은 십만억 부처님께 공양한 것과 같은 공덕이 있습니다.

精정	了요	往왕	所소	神신	往왕	得득
進진	達달	詣예	行행	力력	詣예	不불
勇용	諸제	衆중	無무	示시	十시	可가
猛맹	佛불	刹찰	際제	現현	方방	說설
不불	不불	不불	不불	不불	不불	無무
可가	可가	可가	可가	可가	可가	礙애
說설	說설	說설	說설	說설	說설	心심

사경의 공덕은 십만억 부처님께 공양한 것과 같은 공덕이 있습니다.

眞진	方방	恒항	不불	入입	於어	智지
實실	便편	遊유	可가	諸제	法법	慧혜
智지	智지	十시	稱칭	境경	非비	通통
慧혜	慧혜	方방	說설	界계	行행	達달
不불	不불	不불	諸제	不불	非비	不불
可가	可가	可가	大대	可가	不불	可가
說설	說설	說설	劫겁	說설	行행	說설

사경의 공덕은 십만억 부처님께 공양한 것과 같은 공덕이 있습니다.

神通智慧 不可說
念念示現 不可說
於一不可了知 說諸佛法 不可說
一於一時 證菩入
能於於種種時 而證
或種種時 而證入
毛端佛刹 不可說

사경의 공덕은 십만억 부처님께 공양한 것과 같은 공덕이 있습니다.

塵中佛剎不可說
如是佛剎皆往詣
見諸如來實不可說
通達一如
善入佛種不可說
諸佛國土不可說
悉能往詣成菩提

國土 衆生 及 諸佛 體性 差別 不可 說 如是 三世 無有 邊 菩薩 一切 皆 明見

爾時 心王 菩薩 摩訶薩 於 如來 壽量 品 第三十一

	爲	於	爲	劫	娑	衆
袈	一	袈	一	於	婆	會
裟	日	娑	日	極	世	中
幢	一	幢	一	樂	界	告
世	夜	世	夜	世	釋	諸
界		界	極	界	迦	菩
一		金	樂	阿	牟	薩
劫		剛	世	彌	尼	言
於		堅	界	陀	佛	佛
不		佛	一	佛	刹	子
退		刹	劫	刹	一	此

사경의 공덕은 십만억 부처님께 공양한 것과 같은 공덕이 있습니다.

大方廣佛華嚴經

燈 등	界 계	夜 야	垢 구	退 퇴	華 화	轉 전
世 세	師 사	離 리	世 세	轉 전	開 개	音 음
界 계	子 자	垢 구	界 계	音 음	敷 부	聲 성
一 일	佛 불	世 세	法 법	聲 성	佛 불	輪 륜
劫 겁	刹 찰	界 계	幢 당	輪 륜	刹 찰	世 세
於 어	爲 위	一 일	佛 불	世 세	爲 위	界 계
妙 묘	一 일	劫 겁	刹 찰	界 계	一 일	善 선
光 광	日 일	於 어	爲 위	一 일	日 일	勝 승
明 명		善 선	一 일	劫 겁		光 광
世 세	夜 야	燈 등	日 일	於 어	夜 야	明 명
界 계	善 선	世 세	一 일	離 리	不 불	蓮 련

사경의 공덕은 십만억 부처님께 공양한 것과 같은 공덕이 있습니다.

世(세)	明(명)	於(어)	一(일)	界(계)	光(광)	光(광)
界(계)	佛(불)	莊(장)	日(일)	法(법)	明(명)	明(명)
一(일)	刹(찰)	嚴(엄)	一(일)	光(광)	世(세)	藏(장)
劫(겁)	爲(위)	慧(혜)	夜(야)	明(명)	界(계)	佛(불)
於(어)	一(일)	世(세)	難(난)	蓮(련)	一(일)	刹(찰)
鏡(경)	日(일)	界(계)	超(초)	華(화)	劫(겁)	爲(위)
光(광)	一(일)	一(일)	過(과)	開(개)	於(어)	一(일)
明(명)	夜(야)	切(체)	世(세)	敷(부)	難(난)	日(일)
世(세)	莊(장)	神(신)	界(계)	佛(불)	超(초)	一(일)
界(계)	嚴(엄)	通(통)	一(일)	刹(찰)	過(과)	夜(야)
月(월)	慧(혜)	光(광)	劫(겁)	爲(위)	世(세)	妙(묘)

사경의 공덕은 십만억 부처님께 공양한 것과 같은 공덕이 있습니다.

智佛刹爲一日夜乃至過百

萬阿僧祇如是次第最後勝世界佛刹諸

劫於一日勝蓮華世世界界賢菩薩勝佛及諸刹

爲一日夜普賢菩薩及

同行大菩薩等充滿其中

大方廣佛華嚴經 諸菩薩住處品 第三十二

爾時心王菩薩 摩訶薩 於衆會中 告諸菩薩言 佛子 東方有處 名仙人山 從昔已來 諸菩薩衆 於中止住 現有菩薩 名金剛勝 與其眷屬 諸菩薩衆 三百人俱 常

사경의 공덕은 십만억 부처님께 공양한 것과 같은 공덕이 있습니다.

사경의 공덕은 십만억 부처님께 공양한 것과 같은 공덕이 있습니다.

有	眷	在	名	衆		眷
菩	屬	其	香	於	現	屬
薩	諸	中	積	中	有	諸
名	菩	而	山	止	菩	菩
精	薩	演	從	住	薩	薩
進	衆	說	昔		名	衆
無	三	法	已		曰	三
畏	百	北	來		香	千
行	人	方	諸		象	人
與	俱	有	菩		與	俱
其	常	處	薩		其	常

昔	說	衆	文	薩	處	在
석	설	중	문	살	처	재
已	法	一	殊	衆	名	其
이	법	일	수	중	명	기
來	海	萬	師	於	淸	中
래	해	만	사	어	청	중
諸	中	人	利	中	凉	而
제	중	인	리	중	량	이
菩	有	俱	與	止	山	演
보	유	구	여	지	산	연
薩	處	常	其	住	從	說
살	처	상	기	주	종	설
衆	名	在	眷	現	昔	法
중	명	재	권	현	석	법
於	金	其	屬	有	已	東
어	금	기	속	유	이	동
中	剛	中	諸	菩	來	北
중	강	중	제	보	래	북
止	山	而	菩	薩	諸	方
지	산	이	보	살	제	방
住	從	演	薩	名	菩	有
주	종	연	살	명	보	유

사경의 공덕은 십만억 부처님께 공양한 것과 같은 공덕이 있습니다.

사경의 공덕은 십만억 부처님께 공양한 것과 같은 공덕이 있습니다.

大方廣佛華嚴經 98

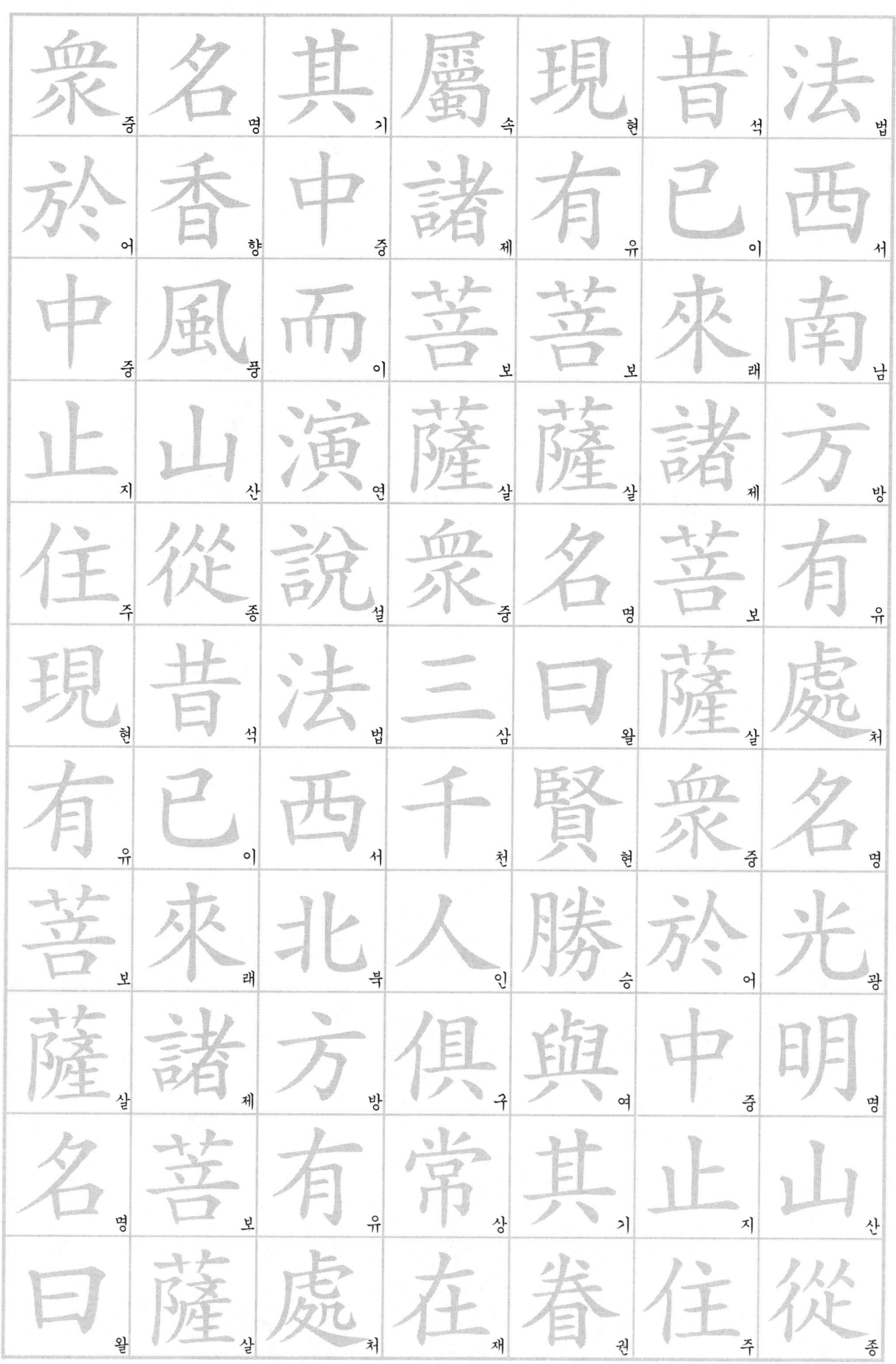

사경의 공덕은 십만억 부처님께 공양한 것과 같은 공덕이 있습니다.

住 주		止 지	窟 굴	大 대	千 천	香 향
根 근	毘 비	住 주	從 종	海 해	人 인	光 광
從 종	舍 사		昔 석	之 지	俱 구	與 여
昔 석	離 리		已 이	中 중	常 상	其 기
已 이	南 남		來 래	復 부	在 재	眷 권
來 래	有 유		諸 제	有 유	其 기	屬 속
諸 제	一 일		菩 보	住 주	中 중	諸 제
菩 보	住 주		薩 살	處 처	而 이	菩 보
薩 살	處 처		衆 중	名 명	演 연	薩 살
衆 중	名 명		於 어	莊 장	說 설	衆 중
於 어	善 선		中 중	嚴 엄	法 법	五 오

사경의 공덕은 십만억 부처님께 공양한 것과 같은 공덕이 있습니다.

從	城	菩	住	衆	名	中
昔	有	薩	處	於	滿	止
已	一	衆	名	中	足	住
來	住	於	曰	止	窟	摩
諸	處	中	法	住	從	度
菩	名	止	座	俱	昔	羅
薩	目	住	從	珍	已	城
衆	眞	清	昔	那	來	有
於	隣	淨	已	城	諸	一
中	陀	彼	來	有	菩	住
止	窟	岸	諸	一	薩	處

사경의 공덕은 십만억 부처님께 공양한 것과 같은 공덕이 있습니다.

有諸一薩礙　住
一菩住衆龍摩
住薩處於王蘭
處衆名中建陀
名於出止立國
那中生住從有
羅止慈甘昔一
延住從菩已住
窟震昔遮來處
從旦已國諸名
昔國來有菩無

사경의 공덕은 십만억 부처님께 공양한 것과 같은 공덕이 있습니다.

住 주	於 어	曰 왈		昔 석	勒 륵	已 이
處 처	中 중	次 차	迦 가	已 이	國 국	來 래
名 명	止 지	第 제	葉 섭	來 래	有 유	諸 제
尊 존	住 주	從 종	彌 미	諸 제	一 일	菩 보
者 자	增 증	昔 석	羅 라	菩 보	住 주	薩 살
窟 굴	長 장	已 이	國 국	薩 살	處 처	衆 중
從 종	歡 환	來 래	有 유	衆 중	名 명	於 어
昔 석	喜 희	諸 제	一 일	於 어	牛 우	中 중
已 이	城 성	菩 보	住 주	中 중	頭 두	止 지
來 래	有 유	薩 살	處 처	止 지	山 산	住 주
諸 제	一 일	衆 중	名 명	住 주	從 종	疏 소

사경의 공덕은 십만억 부처님께 공양한 것과 같은 공덕이 있습니다.

菩薩衆 於一切處 中止住 於中止住
國有昔已 從羅來 諸菩薩衆 於中止住
從乾陀羅窟 婆羅國 有昔已 來 諸菩薩衆 於中止住
名見億藏中光明摩梨浮庵

사경의 공덕은 십만억 부처님께 공양한 것과 같은 공덕이 있습니다.

發 願 文

귀의 삼보하옵고
거룩하신 부처님께 발원하옵나이다.

주 소 : _____

전 화 : _____ 불명 : _____ 성명 : _____

불기 25 _____ 년 _____ 월 _____ 일